Table des

MW01517502

Qu'est-ce qu'un ours polaire?

Les ours polaires, ou ours blancs, sont des mammifères. Les mammifères sont des animaux dont le **corps** est couvert de poils ou de **fourrure**. La fourrure des ours polaires est blanche. Les ours polaires sont des mammifères marins. Ils vivent principalement dans l'océan. Un océan, c'est une immense étendue d'eau salée.

Les **mères** mammifères nourrissent leurs petits avec du lait. Elles fabriquent ce lait à l'intérieur de leur corps. Quand les bébés boivent ce lait, on dit qu'ils **tètent**. Les bébés ours polaires sont appelés « oursons ». Les oursons qu'on voit ici sont en train de téter.

Où vivent les ours polaires?

L'habitat d'un animal, c'est l'endroit où on le retrouve dans la nature. Les ours polaires vivent dans l'Arctique. C'est leur habitat. L'Arctique se trouve tout au nord de la Terre, près du pôle Nord. Il comprend l'océan Arctique et les territoires qui l'entourent. Ces territoires incluent le Groenland, le nord du Canada et l'Alaska. Essaie de les trouver sur la carte ci-dessous.

pôle
Nord

océan Arctique

pôle Nord

Groenland

Alaska

Yukon

Territoires du
Nord-Ouest

Nunavut

Canada

États-Unis

Les ours polaires vivent généralement sur la banquise, formée de plaques de glace épaisse qui flottent sur l'océan. L'été, ils se déplacent vers la terre ferme pour trouver leur **nourriture**. Leur habitat sur la terre ferme porte le nom de « toundra ».

Ces ours polaires sont sur la banquise.

La toundra est un endroit froid et sec, où il ne pousse pas d'arbres. Des fleurs et d'autres petites plantes poussent toutefois dans la toundra pendant l'été.

Le corps des ours polaires

Les ours polaires sont les plus gros des ours. Comme tous les ours, ils se déplacent à quatre pattes. Ils peuvent aussi marcher sur leurs deux pattes arrière. Chacune de leurs pattes se termine par cinq orteils munis de griffes. Les griffes sont comme des ongles recourbés.

Les ours polaires sentent, entendent et voient très bien.

Leur corps est couvert de fourrure blanche.

griffes

Les ours polaires sont des **vertébrés**. Les vertébrés sont des animaux qui ont une colonne vertébrale. C'est une série d'os au milieu de leur dos. Tous les os du corps d'un animal forment son squelette.

Ce dessin représente un squelette d'ours polaire. Ce sont les os du squelette qui soutiennent le corps des animaux.

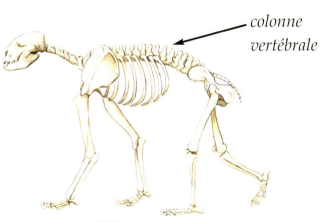

colonne vertébrale

coussinet

Les ours polaires ont de grosses pattes sous lesquelles se trouvent des coussinets. Leurs griffes et leurs coussinets leur permettent de se déplacer sur la glace et la neige sans glisser.

empreinte d'ours polaire dans la neige

9

La fourrure des ours polaires

Les ours polaires ont deux sortes de fourrure, une courte et une longue. La fourrure courte se trouve directement sur leur peau. Elle les garde bien au chaud. La fourrure longue empêche l'eau d'atteindre leur peau. La fourrure des ours polaires est blanche et épaisse, mais leur peau est noire. On peut voir la peau noire de cet ourson autour de son nez et de sa bouche, et aussi sur son menton.

La fourrure épaisse des ours polaires leur permet de rester au chaud et au sec, même dans les températures les plus froides. Même s'il est debout, cet ourson ne sent pas le vent froid qui souffle autour de lui.

Les familles d'ours polaires

Les familles d'ours polaires se composent d'une mère et de ses oursons. Les mères ourses donnent habituellement naissance à un ou deux oursons à la fois. Cette mère a deux oursons.

Cette mère a un seul ourson. D'après toi, que raconte-t-il à sa maman ?

*Les mères ourses polaires protègent leurs oursons du **danger**. Cette mère a aperçu*
un ours mâle, qui risque d'essayer de manger ses petits.
Elle se sert donc de son corps pour les cacher.

Le cycle de vie d'un ours polaire

Entre la naissance et l'âge adulte, les ours polaires passent par une série de changements qu'on appelle un « **cycle de vie** ». Chaque fois qu'un ourson naît, un nouveau cycle de vie commence. Quand il a fini de grandir, l'ours devient adulte et peut faire des bébés à son tour. Ces illustrations montrent le cycle de vie d'un ours polaire.

L'ours polaire adulte peut faire des bébés.

À la naissance, le bébé ours polaire ne peut ni voir ni entendre.

À deux ans, l'ourson apprend à se nourrir seul.

L'ourson apprend à chasser et à nager à trois mois.

Grandir avec maman

La mère ourse polaire nourrit son bébé et le protège. Quand l'ourson atteint l'âge de trois mois, sa mère lui apprend à chasser et à nager. L'ourson continue de téter jusqu'à ce qu'il ait environ deux ans et demi. Il est alors capable de se nourrir seul.

Adieu, maman !

L'ourson quitte sa mère vers l'âge de trois ans, mais il n'est pas encore un adulte. Chez les ours polaires, les femelles deviennent adultes à cinq ans et les mâles, vers six ans. Les adultes vivent seuls, sauf les femelles qui ont des oursons.

Les bébés ours polaires s'amusent en se chamaillant et en se pourchassant. C'est ainsi qu'ils apprennent à se défendre.

Au repos

Les ours polaires adultes passent beaucoup de temps à se reposer et à **dormir**. Ils doivent se reposer parce qu'ils ont besoin d'énergie pour marcher, courir, chasser et nager. Les ours polaires doivent parfois nager jusqu'à 100 kilomètres pour trouver de la nourriture.

Ces oursons se reposent avec leur mère. Celui de droite se fait chauffer le ventre au soleil tout en dormant.

Les bébés ours polaires naissent en hiver. Avant leur naissance, la mère creuse un abri appelé « **tanière** ». Les petits seront au chaud et en sécurité dans cette tanière. La mère ourse dort beaucoup après la naissance de ses petits. Les oursons tètent même pendant son sommeil.

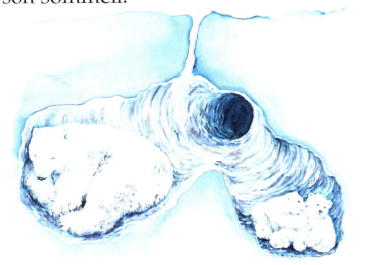

Ces bébés ours polaires sont dans leur tanière.

Cette mère ourse polaire se repose pendant que ses oursons tètent.
La famille se trouve à l'extérieur de la tanière.

Les carnivores du Nord

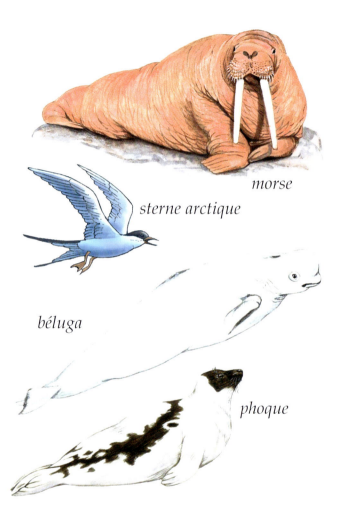

morse

sterne arctique

béluga

phoque

Les ours polaires sont des carnivores, c'est-à-dire qu'ils se nourrissent principalement d'autres animaux. Les ours polaires chassent pendant tout l'hiver. Ils chassent et mangent des animaux comme des morses, des narvals, des bélugas et des phoques. Ils mangent aussi des oiseaux de mer et des œufs d'oiseaux.

Ce bébé ours polaire a très faim. Il renifle la glace à la recherche de phoques qui pourraient se cacher en dessous.

Ces bébés ours polaires ont trouvé une baleine morte. Ils s'en nourriront très longtemps.

Ces oursons mangent du varech, une algue qui pousse dans les océans.
Normalement, les ours polaires se nourrissent de viande, mais ces oursons ont très faim.
Ils n'ont pas réussi à trouver d'animaux à chasser.

19

Qu'est-ce qu'un prédateur?

Les ours polaires sont des prédateurs. Ils chassent les animaux qu'ils mangent. Ce sont les prédateurs apicaux de l'Arctique, ce qui veut dire qu'aucun autre prédateur ne s'attaque à eux. Ils se nourrissent de prédateurs plus petits, comme des phoques. Sans prédateurs apicaux, il y aurait trop de petits prédateurs, qui mangeraient la plupart des autres animaux. La nourriture manquerait donc rapidement pour tous les animaux de l'Arctique.

Ce jeune ours polaire a repéré un béluga, mais trop tard. Sa proie s'est sauvée !

Ces phoques sont sortis de l'eau. Ils prennent un bain de soleil sur une plaque de glace. Un ours polaire est caché dans l'eau, tout près d'eux. Attrapera-t-il un phoque pour son prochain repas ?

Cette mère ourse polaire et son ourson viennent de manger un phoque.
La mère lèche le visage de son petit pour le nettoyer.

Attention, danger !

Les ours polaires chassent sur la glace. Mais l'Arctique est en train de se réchauffer. La banquise est plus mince qu'avant, et elle commence à fondre plus tôt dans l'année. Quand la glace fond, les ours sont obligés d'aller sur la terre ferme. Mais ils ne peuvent pas y trouver assez de nourriture. Certains meurent de faim.

L'ourson, à droite, saute d'une plaque de glace à l'autre. Ces plaques sont très petites et très minces.

L'ours polaire, à gauche, est coincé sur une plaque de glace flottante. Il devra nager longtemps pour atteindre la terre ferme. Il risque de se fatiguer et même de se noyer.

Ces ours polaires cherchent de la nourriture dans un dépotoir du Manitoba, au Canada. S'ils ne trouvent pas assez d'animaux à chasser, les ours s'approchent des villes pour trouver leur nourriture.

En cherchant sur Internet, trouve un zoo près de chez toi où il y a des ours polaires. Demande à tes parents si tu peux aller voir ces superbes animaux et les observer en pleine action. Écris ensuite une histoire ou un poème sur les ours polaires. Lis ton texte à d'autres personnes pour leur montrer à quel point ces animaux sont extraordinaires. Tu peux aider les ours polaires en parlant d'eux aux gens qui t'entourent.

Index et mots à retenir

corps
pages 4, 5, 8-9, 13

dormir
pages 16-17

nourriture
pages 7, 16, 18-19, 20, 22, 23

téter
pages 5, 15, 17

cycle de vie
pages 14-15

fourrure
pages 4, 8, 10-11

tanière
page 17

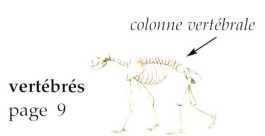

colonne vertébrale

vertébrés
page 9

danger
pages 13, 22-23

mère
pages 5, 12-13, 15, 16, 17, 21

Et aussi…